CHRISTIAN FRANC[E]

A REFAIRE
LA DÉBACLE!

PARIS
E. DENTU, ÉDITEUR
LIBRAIRE DE LA SOCIÉTÉ DES GENS DE LETTRES
3 ET 5, PLACE DE VALOIS (PALAIS-ROYAL)

1892
Tous droits réservés.

A REFAIRE

LA DÉBACLE !

CHRISTIAN FRANC

A REFAIRE

LA DÉBACLE !

PARIS
E. DENTU, ÉDITEUR
LIBRAIRE DE LA SOCIÉTÉ DES GENS DE LETTRES
3, PLACE DE VALOIS, PALAIS-ROYAL

1892

A REFAIRE

LA DÉBACLE !

La récente apparition du nouveau roman dans lequel M. E. Zola nous fait revivre l'Année Terrible, a été saluée par toutes les voix de la Presse comme un événement littéraire de premier ordre. Les maîtres de la Critique ont été unanimes à louer cette puissante synthèse, où se trouvent comme ramassées et condensées toutes les douleurs et toutes les humiliations de la guerre fatale. S'ils ont fait quelques réserves, en signalant certaines fautes de goût manifestes, des procédés et une licence de style assurément contestables, une évidente disproportion entre les diverses parties de l'œuvre ; il est bien entendu que ces réserves ont trait surtout à des défauts de détail, dont les ombres se perdent dans le rayonnement de l'ensemble.

A ne voir dans la *Débâcle*, qu'une œuvre purement littéraire, il faut s'unir à cette admiration et souscrire à ces louanges.

Seulement, son auteur a toujours ambitionné, et il ambitionne plus que jamais dans ce dernier livre, de faire plus et mieux qu'œuvre purement littéraire. Il entend bien ne pas borner son espoir et son effort au seul mérite esthétique. Il prétend surtout à produire des études de psychologie et de sociologie, aussi fortement documentées que fouillées profondément, qui contiennent des enseignements et des leçons d'une indiscutable autorité et de portée universelle.

C'est là sa constante et suprême préoccupation. Elle est manifestement, on la sent partout dans la *Débâcle*. Et d'ailleurs, il y a, pour dissiper à cet égard tout doute et toute hésitation, si tant est qu'il en puisse subsister, d'abord, un article très explicite du *Figaro* (1er septembre 1891), dans lequel M. Zola s'est ouvert d'avance à ses lecteurs de la haute ambition dont s'inspirait son œuvre ; puis, certaine interview très significative publiée par le *Gaulois*, le 20 juillet dernier, au cours de laquelle M. Zola se serait exprimé en ces termes formels : « En écri-
« vant ce livre, je crois avoir fait œuvre de
« moraliste et de patriote. J'ai étalé les
« plaies et les défaillances, j'ai montré les
« fautes pour qu'elles nous servent de
« leçon ! »

C'est donc bien surtout comme moraliste et comme patriote que M. Zola se présente à la Critique, et que la Critique devrait le juger.

Dès lors, la question qui se pose est celle-ci : Les hautes prétentions mises en avant par M. Zola sont-elles aussi justifiées qu'elles semblent sincères ? Se trouvent-elles réalisées en fait, comme il le désire, et comme, sans doute, il le croit ? Sait-il, des mines de documents humains qu'il exploite, extraire une documentation assez complète, et ses déductions sont-elles ensuite assez sûres, pour que ses études concluent légitimement du particulier qu'elles analysent, au général où elles veulent s'étendre, et pour que s'imposent avec l'indiscutable autorité de l'évidence, ces leçons de vie individuelle et sociale qui sont manifestement sa suprême préoccupation ?...

Or, la Critique doit mettre, à faire à cet égard les plus expresses réserves, autant d'indépendante franchise qu'elle met de spontanéité franche, à célébrer, dans le Chef de l'École Naturaliste, la souveraine maîtrise de l'écrivain, et — en dépit qu'il en ait, et bien qu'il fasse profession de n'être que le copiste des réalités de la nature — la puissance géniale du créateur et du poète.

Il y a, en effet, pour commander de telles réserves, une faute de conception commune à toutes ses œuvres, qui est, plus que partout ailleurs peut-être, dans sa *Débâcle*, flagrante, sans excuse, exceptionnellement grave. — Et il en résulte, pour la critique, le devoir absolu de signaler franchement les rectifications documentaires que ce livre appelle ; de mettre, à côté des impressions qu'il dégage, leur indispensable correctif.

II

La *Débâcle* a pour but hautement proclamé de mettre en pleine lumière, en nous faisant revivre l'Année Terrible, les causes de nos désastres et les leçons qui s'en dégagent.

Mais il y eut deux phases, et comme deux actes bien distincts, dans l'effroyable drame où se jouèrent alors nos destinées. Scènes de désordre et de deuil dont la sinistre progression aboutit à l'effondrement suprême de Sedan : c'est le premier acte; tandis que le second s'ouvre, à Coulmiers, en pleine joie et en pleine gloire, comme une aube de résurrection, pour se continuer, trois mois durant, dans les prodigieux efforts de la guerre à outrance, au cours de laquelle, si notre espoir subit encore trop d'éclipses, l'honneur, du moins, et l'héroïsme français ne connurent pas de déclin.

Eh bien, M. Zola ne semble pas même s'être douté de cette distinction dont l'importance est pourtant capitale.

La *Débâcle* ne nous présente que la période de nos fautes et de nos revers antérieurs à Sedan; et elle tait presque le reste, n'y faisant que de rapides allusions, et ne mettant rien en relief, de cette période postérieure à la date fatale qui lui offrait, à côté de revers trop cruels encore, des mérites manifestes et d'incontestables gloires. La disproportion, ou plutôt l'omission est flagrante. Au seul point de vue esthétique, elle gâte l'œuvre de l'artiste en ruinant l'harmonie de l'œuvre. Au point de vue documentaire et psychologique, elle fausse la vérité des faits, elle infirme la justesse des déductions, l'équité des jugements, l'autorité et la portée des conclusions, trahissant ainsi l'espoir et l'effort du moraliste patriote que veut surtout être ici M. Zola.

Son dessein et les événements lui faisaient, à la vérité, un douloureux devoir d'employer toute la sombre vigueur de son pinceau, à nous peindre, dans toute leur sinistre vérité, et sans indulgente atténuation, nos maux et nos fautes : plus notre passé, en effet, nous fera frémir de tous les frissons de l'horreur et de l'effroi, et plus nous serons puissamment inspirés de tout faire pour qu'il ne soit plus jamais l'avenir. A cette tâche, certes, il n'a pas failli.

⁎⁎⁎

De la première période de la guerre, celle qui fut si triste sans consolation, tout est fouillé à fond, dans la débâcle, avec une étonnante pénétration d'analyse ; tout est évoqué avec une puissance de vision et d'impression incomparable ; sans qu'il nous soit fait grâce d'une humiliation, d'une souffrance, d'une angoise, d'une convulsion douloureuse. C'est une impitoyable dissection qui met à nu l'horreur de toutes les plaies. C'est un luxe de détails et une condensation de terrifiants effets d'une implacable intensité.

Il y a là des scènes que l'on voit au vif ; que l'on revit véritablement : scènes à jamais inoubliables, qui nous restent dans les yeux et dans l'âme, fixes, obsédantes, lancinantes avec la précision aiguë de toutes leurs horreurs et de toutes leurs émotions indélébiles : la fantastique chevauchée nocturne de l'artillerie allemande, se précipitant pour prendre ses positions autour de Sedan, tandis que notre pauvre armée piétine en face de cette approche foudroyante de la tempête qui va tout à l'heure éclater ; — la défense désespérée de Bazeilles ; — cette légendaire charge de cavalerie qui arrachait au roi prussien ce cri d'admiration : « Oh ! les braves gens ! » — surtout les batteries du calvaire d'Illy avec la peinture si vive de l'héroïsme spécial de l'artillerie ; — l'ambulance de Sedan ; — le Camp de Misère, avec ses effroyables extrémités qui semblaient devoir défier toute description ; — l'incendie de Paris par la Commune... pour ne citer que les plus poignants parmi ces souvenirs !

Il y a là des batailles gigantesques où des armées entières sombrent, comme en des tempêtes de fer et de feu. Il y a là des foules immenses qui se meuvent et se passionnent, qui parlent et agissent, qui vivent en un mot, comme peut-être on n'en sent vivre nulle part ailleurs, pas même dans les drames de Shakspeare, le manieur des masses par excellence; des foules que l'on sent tomber de lassitude et de découragement à la morne inertie, se déchaîner sous l'ardente poussée de la colère en d'irrésistibles tempêtes, s'abandonner, sous le vent de la panique affolée, à d'irrémédiables débâcles; des foules que les furieuses mêlées roulent en vagues formidables, ou que, dans ses torrents, la déroute charrie en épaves; des foules dont l'âme est navrée de toutes les angoisses et de tous les désespoirs, dont la chair saigne de toutes les blessures, qui sont torturées de toutes les souffrances, qui meurent de tous les plus effroyables trépas..... et tout cela se voit, s'entend, se ressent, se revit, dans une vibration irrésistible et sans fin de tout l'être !

Et l'auteur qui décrit ces scènes grandioses,

en poète épique qu'il est, se garde bien, en penseur qu'il veut surtout être, de se confiner dans l'étude des fautes commises et des fatalités subies au cours des opérations militaires.

Remontant plus haut, comme il l'a écrit lui-même, « à la source profonde et cachée « où naissent les faits de l'Histoire », il signale avec une hauteur de vues et une sagacité merveilleuses, les causes premières physiologiques et psychologiques qui précipitèrent alors la France, de chute en chute, à l'effroyable abîme où elle faillit périr. Il fixe avec une superbe indépendance et une admirable sûreté de jugement, les responsabilités encourues, et il dénonce la nation tout entière, comme coupable « des sottises et des crimes de lèse-patrie » dont Sedan ne fut que le châtiment mérité et l'aboutissement fatal. Il montre, en face de l'Allemagne en possession de toutes les garanties de la victoire, notre France « comme pourrie

à la base par son immobilité, dans l'orgueil de sa légende guerrière, » mortellement malade et coupable de son mortel état morbide. Il signale l'infériorité de nos chefs, encore que leur bravoure française ne se démentît jamais; et il rappelle que tout
« fit faillite entre leurs mains, et le maté-
« riel insuffisant, et les troupes gâtées,
« travaillées d'un ferment d'indiscipline,
« ébranlées, incapables de vaincre. Nous
« avions, dit-il, cessé d'être à la tête des
« peuples, la science, la santé, le génie de
« notre temps, et c'est pourquoi la France
« faillit mourir de la routine et de la sot-
« tise dans la basse fosse de Sedan ! »

**

C'est bien, certes, de nous dire ainsi nos vérités, si dures qu'elles soient. C'est bien,

d'avoir le courage de formuler cette sentence définitive, vraiment écrite par l'Histoire : « Oui, il y eut là un bain de sang
« nécessaire. Il ne restait peut-être que ce
« soufflet à notre orgueil, que cette saignée
« à nos veines pour nous refaire une santé ! »
C'est bien, surtout, de sentir, à cette heure,
en toutes les poitrines françaises, « au fond
« de l'amertume affreuse de nos souvenirs,
« une sensation de souffrance salutaire et
« de virile guérison, une régénération par
« la douleur née de l'excès même de nos
« revers. » C'est bien enfin, de juger l'heure présente en ces paroles aussi justes que fières : « Aujourd'hui, il n'y a plus de confusion à faire cet examen de conscience. La vérité amère et forte on doit la dire maintenant. Nous pouvons l'entendre. La France est debout ; elle n'a plus au cœur de honte ni de crainte ! »

Oui, c'est bien ; mais c'est trop peu !

Ce n'est pas seulement d'aujourd'hui, en

effet, que la France se retrouve debout, le cœur affranchi et guéri de ses hontes et de ses craintes. S'il en est ainsi, si nous osons concevoir désormais, et exprimer bien haut, le fier espoir que le passé ne sera plus jamais l'avenir ; notre guérison nous vient, ce fier espoir nous renaît au cœur, non seulement des sacrifices que nous avons conscience de faire, depuis vingt ans, pour réparer des désastres qui purent un instant paraître irréparables ; mais encore, des souvenirs mêmes de notre défense nationale, qui nous présentent le gage certain et le commencement de notre résurrection, dans l'invincible énergie avec laquelle s'affirma dès lors, en pleine crise mortelle, l'immortelle vitalité de la France.

La France! elle se retrouva debout, en effet, au lendemain même de Sedan, à Paris, dans le Nord et dans l'Ouest, stoïque et digne, prête et décidée à tous les efforts pour réparer Sedan et se sauver.

Si nous restâmes, hélas, victimes jusqu'au bout, des causes de nos premiers désastres, nous cessâmes du moins d'en être coupables et tous les sacrifices furent consentis, pour que l'expiation et la réparation s'égalassent aux fautes.

Pourquoi donc, la *Débâcle* n'a-t-elle pas mis tout cela en pleine lumière : nos gloires après nos humiliations, nos mérites après nos fautes, notre infatigable énergie après nos premiers abattements nés de l'incurie et du désordre ? Pourquoi n'a-t-elle pas fouillé avec la même puissance, après nos premiers désastres sans précédents dans l'histoire des peuples, cette lutte de trois longs mois, sans pareille aussi dans les fastes de l'héroïsme, au cours de laquelle, si nous ne pûmes que rarement vaincre, l'Histoire attestera du moins, que nombre de nos défaites furent triomphantes à l'envi des plus belles victoires ?

III

Oh! je sais la réponse d'avance.

Ce que M. Zola veut dépeindre dans son nouveau livre, c'est la débâcle de cette société impériale qu'il a prise pour sujet de ses études; c'est l'écroulement suprême, où il montre cette société s'abîmant sans retour, après nous l'avoir montrée, s'y acheminant depuis longtemps par toutes les voies de la déchéance et de la ruine. C'est l'achèvement et le couronnement du plan général qu'il a conçu, qui se suit clairement dans l'ensemble de ses œuvres, et qui semble maintenant, tout près d'être rempli.

Malheureusement, si son livre nous présente la saisissante peinture de la débâcle du régime impérial, en quoi il est peut-être exact et juste ; il donne aussi, il impose irrésistiblement l'impression d'une totale débâcle de la France.

Si encore il s'arrêtait à Sedan ! Mais dès lors que la *Débâcle,* se poursuivant au delà, ne parle de la Défense nationale qu'en allusions rapides, éparses au hasard et vagues, pour ne redevenir explicite et saisissante que dans la description des suprêmes horreurs de la Commune ; il restera certainement acquis, pour la masse des lecteurs, que, s'il y eut pendant l'Année Terrible quelques efforts de réaction contre l'affaissement général, ce fut seulement le fait d'individus ou de groupes isolés, et non le fait de la France ; que notre France en tant que nation, ne sut rien tenter ni faire pour se ressaisir, au milieu des terribles fatalités, issues de ses fautes, qui s'acharnèrent alors sur elle ; que la France n'eut pas le moindre sursaut d'énergie et de vitalité féconde, pas de véritable réveil d'âme ; bref, qu'elle abandonna son âme, avec tout le reste, à la dérive de l'universelle débâcle où sombraient ses armées et ses ressources, ses fiertés et ses destinées.

Il n'y a pas à épiloguer là-dessus.

La *Débâcle*, que son auteur l'ait ou non voulu, c'est, en dernière analyse, la débâcle de l'âme de la France. Telle est l'impression générale et définitive qui s'en dégage. Et rien ne saurait prévaloir là contre. C'est en vain que l'auteur prétendrait expliquer et protester que ce ne furent pas là ses intentions d'écrivain. La masse des lecteurs, il le sait bien, voit et s'impressionne spontanément et d'instinct, sans se préoccuper de savoir si l'on voudrait qu'elle vit ou qu'elle s'impressionnât autrement qu'elle ne le fait.

IV

Il n'est guère à croire, d'ailleurs que ses lecteurs aillent contre ses intentions, en comprenant sa *Débâcle*, comme ils la comprennent. En tout cas, s'il y a méprise de leur part, l'auteur a certainement tout fait pour que la responsabilité en retombât sur lui ; il a tout fait pour les induire en erreur.

En effet, parmi les nombreux acteurs de son drame, il en est quatre : deux au premier plan, le caporal Jean et le soldat Maurice ; les deux autres un peu à l'arrière-plan, le colonel de Vineuil et Prosper le chasseur d'Afrique, en qui M. Zola incarne tout ce qu'il y eut alors de sain, de généreux, de patriotique dans l'âme de la France. Distincts par la condition sociale, et par les formes très diverses que revêt leur patriotisme, ils se ressemblent tous quatre en cela, qu'ils sont, par leurs sentiments, par leur attitude et par leurs actes, en dehors de ce monde officiel que M. Zola nous montre voué à l'inévitable débâcle ; qu'ils sont ainsi tout indiqués, pour personnifier l'effort généreux, par lequel la France essaya d'échapper, après Sedan, à la débâcle qui venait d'emporter l'Empire.

C'est Jean, l'ancien soldat, qui se retrouve tout naturellement prêt, comme autrefois, aux abnégations et aux dévouements du métier militaire, et qui se donne spontanément à la patrie, sans avoir bien conscience, en sa simplicité un peu rustique, encore que très intelligente, ni de la grandeur du devoir qu'il accomplit, ni de la magnanimité réelle dont il fait preuve en toute occasion.

C'est Maurice, en qui, malgré les égarements et les folies d'une jeunesse orageuse, le patriotisme s'éveille, à l'heure du danger, et qui espère, en souffrant et en mourant s'il le faut pour la France, expier son passé, se régénérer, se relever aux yeux des autres et à ses propres yeux.

C'est Prosper, le soldat français dans sa personnification la plus simple, la plus humble, mais non la moins touchante, qui s'est laissé convaincre, une fois pour toutes, de son devoir patriotique, qui ne pensera même pas à se refuser, quand les chefs, qui représentent pour lui la France, lui demanderont tous ses efforts, son sang, sa vie, et qui sera capable ainsi, sans même s'en douter, de tous les héroïsmes.

C'est enfin, le colonel de Vineuil, le type achevé, la vivante incarnation de l'âme française, en ce qu'elle a de plus grave et de plus éclairé, de plus ferme et de plus élevé, de plus noble et de plus grand; le preux antique, sans peur et sans reproche, qui domine les batailles les plus effroyables de sa haute stature toujours droite sur son cheval, dans l'ouragan de la mitraille et des plus ardentes mêlées; qui domine les situations les plus désespérées de sa calme vaillance, de son âme impassible comme son attitude elle-même en son immuable fermeté; qui s'oublie en tout, pour ne penser qu'à la France; qui ne vit que pour la France; qui ne vit même que de la vie de la France; et qui, frappé mortellement au cœur, foudroyé par la nouvelle d'un suprême désastre, meurt de patriotisme, de croire que sa France va mourir.

***

Eh bien, qu'a fait M. Zola, de telles âmes, les sœurs de celles qui nous valurent, au cours des siècles, tant de superbes triomphes, une si prestigieuse grandeur et de si miraculeuses libérations; qui firent en un mot, l'histoire de notre France sans égale parmi les peuples; qu'en fait-il, après avoir incarné en elles, tout ce qui restait alors de richesses d'âme à notre Patrie?...

Tout, à la débâcle!...

Officiers et soldats, ils sentent tous, qu'ils sont isolés, et, par suite, fatalement impuissants; qu'ils luttent, qu'ils souffrent, qu'ils meurent en vain; qu'il n'y a plus de pensée forte et ferme à la tête de la France pour faire d'eux emploi utile; que l'âme est morte, en un mot, à la tête de la France, en dépit qu'ils la gardent si vivante au cœur...

Et alors, les uns s'échouent à la lassitude et au découragement, en disant, comme le chasseur d'Afrique, Prosper, quand on lui demandait après Sedan, s'il ne retournerait pas se battre : « Ma foi, non, ils m'ont trop « embêté à ne rien me faire faire de propre! »

C'est la débâcle du patriotisme dans l'indifférence et la désertion.

Les autres, comme Maurice, faisant la société responsable des souffrances qu'ils ont endurées et des maux qui les excèdent, se laissent entraîner à la colère, à l'exaspération, à la sauvage révolte de la Commune. C'est la débâcle du patriotisme dans le crime!

Quant à ceux-là, en qui, comme en M. de Vineuil, l'âme française est trop haut placée pour échouer à la désertion ou déchoir au crime; la douleur et la désespérance qu'ils éprouvent, à constater que c'en est fait de la patrie, dépassent les limites de leurs forces, sinon de leur constance; et ils en meurent, en des trépas qui semblent redire, comme un glas funèbre, le fameux cri des patries expirantes : « *Finis Galliæ!* C'est la fin de la France! »

La même douleur patriotique qui tue M. de Vineuil, navre cruellement le cœur de Jean; et si celui-ci n'en meurt pas, comme son colonel, c'est uniquement parce que les impressions frappent moins fort et moins profondément, en son âme moins sensible et moins affinée. Mais il constate, lui aussi, que la France n'a rien su faire pour se sauver; que c'en est fait de la France; et, se détournant du passé, comme bien convaincu de n'y pouvoir trouver, dans aucun souvenir, le moindre principe de consolation, d'espérance et de réconfort, il se retourne vers l'avenir, et marche, c'est le dernier mot du livre, « à la grande et rude besogne de toute une France à refaire ! »

C'est donc bien, dans l'impression de l'universelle débâcle, non seulement de l'empire, mais de la France tout entière, que M. Zola fait vivre ses personnages. C'est pourquoi cette même impression est aussi celle de ses lecteurs. Et c'est en quoi sa *Débâcle* n'est équitable ni vraie!

*
* *

Dès là que, de son fait, son œuvre déborde pour ainsi dire son plan et ses intentions, quels qu'aient été d'ailleurs son dessein et son but ; dès là que les lecteurs trouvent dans sa *Débâcle*, l'histoire de toute la France pendant toute l'Année Terrible, depuis la déclaration de guerre jusqu'à la fin de la Commune ; il se trouve évidemment dans la stricte obligation de ne laisser dans l'ombre aucun des documents afférents à toute cette période de notre vie nationale, et de n'omettre aucun des traits pouvant concourir à présenter de la France, pendant tout ce temps-là, une physionomie fidèle : tout cela, sous peine de ne faire à son livre, qu'une documentation fausse à force d'être incomplète, sous peine de se condamner à faire juger la France avec la plus criante injustice, en ne reproduisant d'elle, qu'une image totalement défigurée à force d'être imparfaite.

La *Débâcle* a méconnu ce devoir de véracité et d'équité.

M. Zola a vu l'Année Terrible, comme il a vu tous les autres sujets de ses études antérieures, avec sa disposition d'esprit invétérée, à ne s'arrêter qu'à peine au bien, pour ne prêter attention qu'au mal. C'est là, chez lui, comme chacun sait, une tendance habituelle sinon naturelle. Il voit noir, triste, cruel ; et il fait de même.

Il s'est pourtant vivement défendu, d'avoir commis cette faute dans la *Débâcle*. M. de Vogüé, en effet, lui en ayant fait le reproche, dans l'étude critique devenue tout de suite célèbre qu'a publiée la *Revue des Deux Mondes*, il paraîtrait que M. Zola, si l'on en croit l'interview du *Gaulois* du 20 juillet, a protesté hautement contre un tel blâme, en ces termes visiblement émus : « Voulez
« vous que je vous dise ce que je pense ?
« C'est que M. de Vogüé a sauté une quaran-
« taine de pages qui se trouvent dans la

« troisième partie de mon ouvrage, et où la
« résistance et l'agonie de la France sont
« dépeintes. Je ne pouvais pas m'étendre
« davantage sur ce sujet attristant. J'ai fait
« tout cela en raccourci et j'estime que,
« dans un roman, c'est assez. Il y avait là
« un autre livre à écrire. Que M. de Vogüé
« le fasse lui même ! »

Eh bien, non, ce n'est pas à M. de Vogüé à écrire cet autre livre, lequel ne devrait plus être à faire après la *Débâcle.* C'est celle-ci qui n'avait pas le droit,— j'espère le prouver tout à l'heure — de « faire tout cela en raccourci. »

Quant au reproche contre lequel M. Zola proteste si vivement, n'en prouve-t-il pas lui-même la justesse, de la façon la plus décisive, par les termes mêmes de sa protestation? Ne se dénonce t-il pas lui même, comme ne voyant que noir, triste et cruel, quand il dit, pour s'excuser de n'avoir pris qu'en raccourci la Guerre à outrance, que ce sujet était à ses yeux « trop attristant » pour qu'il pût s'y étendre?

Trop attristant! Mais c'est précisément la période la moins attristante de l'Année Terrible qu'il juge ainsi, la seule dont les humiliations et les tristesses ne soient pas sans gloire et sans consolations! Cette gloire et ces consolations il s'avoue donc impuissant à les voir!..

Trop attristant! Mais viennent les suprêmes horreurs de la Commune — dont il ne dira pourtant pas qu'elles sont moins attristantes que les nobles épreuves de la Défense nationale — et il se retrouve immanquablement fidèle à ses amours, fidèle à ses préférences pour tout ce qui est horrible, malsain, pourri dans les sociétés comme dans les individus. Le voilà tout de suite attiré, gagné, séduit. Le voilà soudain redevenu attentif, comme si son sujet ne lui semblait plus trop attristant, à l'étudier de toute la puissance de son observation immédiatement réveillée. Le voilà de nouveau passionné à peindre complaisamment, de toute la vigueur soudain ranimée de son pinceau, les humiliations et les douleurs dernières qui manquèrent achever la France !

Et c'est quand il en use ainsi, qu'il prétend se parer d'un sentiment de répugnance patriotique pour l'attristant de la guerre à outrance !... Comme si sa *Débâcle* ne donnait pas elle-même le démenti le plus flagrant à cette prétention... ou à cette pose; puisqu'il s'y révèle, en dépit de ses protestations, comme impuissant à s'étendre sur autre chose que sur l'attristant; puisque le seul sentiment de répugnance qu'il ait éprouvé, le seul mouvement de recul qu'il ait eu, en face de l'attristant de l'Année Terrible, ont été justement provoqués en lui, contre toute attente, par nos seuls souvenirs consolants et glorieux, où son âme et les nôtres eussent pu se reposer, dans un peu de joie et de fierté !... Comme si sa *Débâcle* ne

prouvait pas, une fois de plus, qu'il faut à
sa verve, pour s'animer et s'exercer à l'aise,
des laideurs et des corruptions tant morales
que physiques, des plaies et des maux de
toute sorte, des ruines et de la mort !... Il
est là dans son élément. Et sa *Débâcle*, après
toutes ses autres œuvres, donnerait à croire
qu'il est naturellement incapable de rien
chercher et de rien trouver d'autre, dans ses
explorations psychologiques à travers les
hommes et les sociétés. On ne citerait pas
un seul de ses livres où le bien et le beau
aient leur juste place, en face du mal et du
laid, dans l'exacte proportion que présentent la nature et la réalité. On ne citerait pas
un seul de ses tableaux, où il ait su distri-
buer équitablement la lumière et les ombres.
C'est là cette faute de conception, commune
à toutes ses œuvres, qui, surtout peut-être
dans la *Débâcle*, en faussant la vérité des
faits, infirme la justesse des déductions et
l'équité des jugements, aussi bien que l'au-

torité et la portée des enseignements et des conclusions.

Commettre cette faute toujours, partout, invariablement, lui est, ou lui est devenu naturel. Il semble même ne pas soupçonner qu'il y ait à faire autrement. Et cette disposition d'esprit innée ou du moins invétérée en lui, se trahit en toute occasion. Il vient encore d'en faire l'aveu spontané, aussi précieux que significatif, en disant au reporter du *Gaulois*, qu'il estime suffisantes les quarante pages consacrées par lui à la Défense nationale. Pensez donc ! Sur un ensemble puissamment poussé au noir de plus de six cents pages, une quarantaine de pages, pages de pâle lumière !... Ne faut-il pas vraiment se complaire aux sujets attristants, pour en demander davantage !... M. Zola, lui, grâce à sa répugnance bien connue pour de semblables sujets, n'arrivera jamais à comprendre qu'on ne s'en contente pas.

Eh bien, c'est justement cette misérable quarantaine de pages, que M. de Vogüé — sans les sauter, comme M. Zola voudrait le faire croire — a estimée absolument insuffisante; et il y a bien des chances pour que son avis soit partagé par l'immense majorité des lecteurs.

Il reste donc seulement de la protestation de M. Zola, qu'elle prouve jusqu'à 'évidence que le reproche dont il s'émeut, l'a touché juste, à l'endroit sensible, en plein cœur de ses prétentions les plus chères de sociologue, de moraliste, de patriote. Et c'est pourquoi il importe, au nom du patriotisme et de la vérité, d'insister sur cette critique. Si M. de Vogüé a pu se contenter de l'émettre, il devient au moins utile de l'appuyer d'une démonstration en règle, après la réponse de M. Zola. Il convient d'en manifester la justesse et l'importance, en signalant les raisons si graves qui faisaient à la *Débâcle* une rigoureuse obligation d'en user plus équitablement avec notre histoire nationale.

*
* *

C'est que, en effet, le défaut commun à toutes les œuvres de M. Zola, revêt, dans la *Débâcle*, un caractère de gravité toute particulière. Non seulement ce livre dégage une impression qui n'est équitable ni vraie, mais encore il la dégagerait telle irrémédiablement, si la Critique ne venait lui apporter d'indispensables correctifs. Car la *Débâcle* est sans contredit ce qui a été écrit de plus précis et de plus fouillé, de plus fort et de plus saisissant, sur l'Année Terrible. A la masse des lecteurs qui ne contrôlent pas, elle donne ainsi l'illusion d'une œuvre définitive qui ne laisserait à exploiter après elle aucun document et aucune émotion, qui aurait tout dit et tout dit définitivement, qui aurait donné des impressions, elles aussi définitives, sur lesquelles il n'y aurait jamais à revenir. Aussi, est-ce d'après elle, et d'après elle seule, que sera jugée, par nombre de ses lecteurs, la France de l'Année Terrible.

De cela, M. Zola ne peut se désintéresser sous aucun prétexte. Il ne peut pas s'en laver tranquillement les mains, en laissant la France livrée par lui aux appréciations les plus fausses et les plus outrageantes. Il ne peut pas lui suffire d'alléguer, pour dégager à cet égard sa responsabilité, que son plan et son but étaient tout autres. Le devoir s'impose à lui, rigoureux, inéluctable, de ne pas laisser croire à un seul Français, et surtout à un seul étranger, que la France se soit naguère abandonnée, en nation inerte et lâche, à la dérive de la débâcle impériale, que cette débâcle du second Empire ait été en même temps la débâcle irrémédiable de l'âme de la France.

V

Bien loin qu'il en ait été ainsi, la France, en plein naufrage, en pleine débâcle où ses chefs venaient de la jeter et de l'abandonner, se ressaisit soudain et fit face à la tourmente. Son âme, dont elle se retrouva soudain animée, en appela hautement, par la voix éloquente de son grand tribun, à cette justice immanente qu'elle sentait supérieure à toutes les contingentes fatalités, et en qui dès lors elle se confiait. Et ce fier appel de son âme, elle l'appuya de tous les efforts de tous les dévouements, de tous les héroïsmes que requit d'elle la Défense nationale.

M. Zola le sait bien. Aussi, quoi qu'il pût penser de la prolongation des hostilités après Sedan, de cette Guerre à outrance que d'aucuns, qui se prétendent sages, traitent de folie — folie héroïque, en tout cas, glorieuse et bénie — il devait y voir, lui, l'homme des documents humains, une mine nouvelle à exploiter, pour faire à son œuvre une documentation complète. Pour lui, le sociologue moraliste, il y avait là les éléments d'une enquête plus sûre et plus approfondie, sur un nouvel état moral d'un grand peuple. Il s'offrait là, au patriote que M. Zola veut surtout être, des trésors de mérites, de vertus et de gloires où il devait puiser à pleines mains, pour émerveiller le monde de ces incomparables richesses d'âme dont ne s'épuise jamais la France ; il s'offrait des consolations dont il devait adoucir nos tristesses et rasséréner nos deuils ; il s'offrait enfin, des leçons souverainement éloquentes de confiance en nos destinées et d'inébranlable constance, dont il devait ranimer et soutenir nos espoirs. C'était là, une haute mission de justice à remplir envers la Patrie, une mission sacrée qui s'imposait à son patriotisme autant qu'elle eût dû lui être douce!...

*
✱

Loin de moi, certes, la prétention de lui rien apprendre à cet égard.

Il est clair, d'ailleurs qu'il ne rentre nullement dans le plan de cette étude, de développer tout ce qu'a omis M. Zola, non pas assurément pour l'avoir ignoré, ni, — je l'espère, — pour l'avoir dédaigné ou méconnu, mais pour l'avoir — par mauvaise habitude — simplement négligé. D'autre part, cependant, ni cette omission n'apparaîtrait dans toute sa gravité, ni la présente critique dans toute sa justesse et dans toute son importance, si les pièces du débat n'étaient publiquement produites. C'est dire qu'il faut soumettre à l'appréciation des lecteurs, — lesquels, autrement, ne jugeraient pas en parfaite connaissance de cause — ces mérites et ces gloires de la Défense nationale, que M. Zola croit devoir taire, et que j'ose le blâmer d'avoir tus.

Non, certes, qu'il soit nécessaire, ni possible, de faire ici, ne fût-ce qu'une esquisse, de la Guerre à outrance tout entière.

Mais, à laisser même de côté, et ce prodigieux siège de Paris, où il semble que furent dépassées les limites extrêmes de l'abnégation et de la constance; et cette campagne du Nord qui, menée jusqu'au bout de nos ressources et de nos forces, ranima un instant de si vifs espoirs au cœur de la Patrie, et lui valut tant de gloire; ne suffit-il pas de l'incomparable campagne de l'Ouest, avec son importance capitale, ses merveilles d'invincible persévérance, ses mérites et ses résultats incontestables, pour convaincre d'erreur et d'injustice envers la Patrie, le parti pris de mutisme qui fait l'objet de la présente discussion ?...

VI

Eh quoi ! lorsque l'invasion couvre d'ennemis le sol sacré de la patrie; quand elle s'est abattue, en quelques semaines, des rives du Rhin au cœur de la France; quand elle a broyé au passage toutes les forces vives de la nation; quand elle étreint Paris qui va se débattre en vain, quatre mois durant, contre son enlacement mortel; quand elle vient de s'ouvrir, en occupant Orléans, toutes les avenues de l'Ouest et du Midi ; quand il semble que rien ne peut plus enrayer, ou seulement retarder sa marche et notre ruine ; voici qu'une armée rapidement improvisée sur la Loire l'aborde audacieusement à Coulmiers, la culbute, et, victorieuse, la chasse d'Orléans. Puis — le suprême désastre de Metz ayant permis aux cent mille Prussiens jusque-là retenus dans l'Est, de renforcer les Bavarois tout à l'heure vaincus — quand l'invasion reprenant sa marche semble avoir noyé, de ses flots toujours accrus, notre dernier espoir avec notre dernière armée ; voici que, parmi la panique fatale qui anéantit le reste de nos troupes, une poignée de nos soldats se maintient intacte dans la main de son chef, ne se laisse pas entraîner à la débâcle générale, ni entamer par quatre jours d'incessants combats, et ne quitte enfin, que lentement, fièrement et en bon ordre, ce champ de bataille de Villepion et de Patay que la charge héroïque de Loigny illustre à jamais.

Eh bien, M. Zola ne semble pas s'être dit qu'il y va là, plus que jamais, du salut et de l'honneur de la Patrie ; que cette poignée de héros est alors tout ce qui survit, tout ce qui reste debout de la France armée, en face de l'invasion ; que le patriotisme enfin ose à peine se demander ce qu'il fût advenu, si les Prussiens n'eussent trouvé devant eux, pour les arrêter et les contenir, l'inébranlable ténacité de Chanzy et de ses troupes.

L'ennemi, se flattant d'en avoir fini avec toute véritable lutte, et croyant n'avoir plus qu'à pourchasser des troupeaux épars de soldats débandés, allait surprendre et briser partout, en pleine période d'organisation, toutes les tentatives de résistance. L'occupation étrangère savamment et hardiment conduite isolerait les unes des autres les provinces françaises, et les empêcherait de concerter leurs résolutions, d'associer leurs ressources, d'unir leurs efforts. La France ne s'appartiendrait plus ! Impossible, dès lors, la Défense nationale, malgré le merveilleux réveil d'énergie qui accomplit alors les prodiges de la Guerre à outrance! Impossibles ces magiques créations d'armées, d'ateliers, de magasins, de matériel, que la vaillante activité de la France fit alors surgir de son sol épuisé! Impossible, à la France, de rien tenter d'efficace pour sauver son honneur et sa vie! De la France blessée à mort, le Prussien allait faire un cadavre que sa botte piétinerait à l'aise, que sa haine meurtrirait à plaisir!...

Cette sinistre vision ne fut-elle pas un moment l'imminente réalité?... Et, puisque la France ne meurt pas ainsi; puisque la voilà qui se dresse encore devant l'ennemi, résolue et armée ; puisqu'elle a, pour combattre toujours et peut-être pour vaincre, son indomptable Chanzy ; avec, près de lui et comme lui tenaces Jauréguiberry, Jaurès, Charette; avec de tels chefs, des soldats de qui la Patrie obtiendra tous les efforts et n'aura plus à craindre de défaillance; la *Débâcle*, après avoir suivi pas à pas, de la frontière à Sedan, le piétinement et la reculade de nos pauvres bandes en désordre, devant le glissement sûr et continu de l'invasion victorieuse, la *Débâcle* ne devait-elle pas suivre de même la deuxième armée de la Loire, d'Orléans à Laval, dans l'accomplissement de la plus difficile, de la plus grande des missions ?

**

Quelle mission en effet ! Il faut, tout à la fois, et se maintenir à proximité de Paris assiégé, pour prendre part, le jour venu, à la lutte décisive qui sera tentée là ; et appeler sur soi tout l'effort des Allemands, pour que l'invasion n'aille pas, s'épandant à l'aise, empêcher la défense nationale de s'organiser partout.

C'est pourquoi, Chanzy s'établit solidement en avant de Josnes, touchant de sa droite la Loire, couvrant tout l'Ouest, Vendôme et le Mans d'un côté, Blois et Tours de l'autre, et se préparant à prendre, dès la première occasion, une audacieuse offensive.

Alors, commence cette bataille de tous les jours et de toutes les heures qui va durer plus de deux mois. Les Allemands ont hâte d'en finir avec cet adversaire inattendu, pour assurer et poursuivre les résultats de leurs succès. Ils se concentrent et se précipitent pour l'écraser sous le nombre ; ils multiplient pour le lasser et l'épuiser les attaques incessantes. C'est Villorceau d'abord, puis Josnes, puis Vendôme, trois batailles semblables, marquant chacune un sanglant arrêt infligé à leur âpre impatience, par l'indomptable persévérance de nos jeunes soldats à faire face à l'ennemi, partout où la lutte est possible, aussi longtemps qu'ils peuvent; trois retraites pareilles, auxquelles notre armée ne se résout que pour chercher plus loin de nouveaux champs de bataille, qu'à la dernière extrémité, lorsque ses positions sont devenues intenables et qu'elle plie sous le nombre ; trois retraites qu'elle effectue, sans cesser d'en imposer tellement aux ennemis par sa fière et martiale tenue, que ceux ci, harassés et meurtris d'ailleurs de leurs rencontres avec elle, n'osent ou ne peuvent rien pour enrayer sa marche. C'est le Mans, toute une journée triomphante jusqu'à la dernière heure : à droite, Jauréguiberry demeurant inébranlable et repoussant victorieusement toutes les attaques; tandis que, à gauche, la charge épique du plateau d'Auvours, émule de celle de Loigny, reconquiert définitivement nos positions : c'est la victoire, si, là-bas, à l'autre extrémité de notre ligne, un moment de panique fatale ne nous faisait perdre soudain, le soir venu, ce glorieux champ de bataille où l'on a si vaillamment combattu et tant espéré vainement. C'est, quand la retraite s'effectue cette fois, dans les conditions les moins prévues, les moins préparées, les plus périlleuses ; c'est, quand la débâcle semble le plus imminente, notre indomptable armée qui affirme une fois de plus, que rien ne viendra jamais à bout de son indestructible vitalité, en arrêtant net, à mi-chemin du Mans et de Laval, la poursuite trop pressante de l'ennemi ; en se retrouvant dans les lignes de la Mayenne, toute prête et résolue à encore affronter de nouveaux combats. C'est, à cette heure décisive, Chanzy son chef intrépide, qui, loin d'être abattu des batailles et des revers quotidiens, écrit au gouvernement : « Ayons de la ténacité, c'est notre meilleure chance et j'en aurai ! » ; qui compte avoir enfin rendu possible partout l'organisation de la Défense nationale, qui demande qu'on suscite partout, contre les envahisseurs, de puissantes résistances locales ; qui rêve enfin de recueillir, à la faveur de ces diversions multiples, les fruits de sa rude campagne, en allant, d'une pointe hardie, délivrer Paris et sauver la France.

Voilà cette incomparable campagne de l'Ouest, sur laquelle et sur ses héros, M. Zola s'est privé de dire, après l'avoir dite sur nos premiers désastres et sur leurs victimes, la parole définitive de l'Histoire!

*
* *

Elle dira, l'Histoire, que Chanzy tint en échec, deux mois durant, le premier tacticien du monde, bien qu'il n'eût à lui opposer que des soldats improvisés, recrues levées à la hâte, insuffisamment armées, disciplinées à peine, épuisées de privations et de souffrances, écrasées sous le poids des désastres récents et des continuelles défaites; tandis que de Moltke, et, sous sa haute direction le prince Frédéric Charles, commandaient à des armées supérieures en nombre, dès longtemps aguerries, fortement disciplinées, puissamment organisées et pourvues de tout en abondance, stimulées enfin par de trop faciles et rapides triomphes.

Elle dira que Chanzy, en luttant sans cesse, devait chaque jour refaire son armée que désorganisaient chaque jour d'incessants combats. Elle le montrera, soutenant, à force de volonté, le moral si cruellement éprouvé de ses troupes; maintenant, à force de ténacité, leur cohésion et leur fermeté en dépit des plus profonds ébranlements; les forçant à survivre à toutes les blessures et à tous les revers; leur infusant sa confiance et son énergie, les ranimant de son âme, les faisant en un mot vivre de lui.

Elle dira que, dans ces conditions désastreuses, il se résigna chaque jour à des combats, où les plus généreux efforts étaient condamnés d'avance à d'inévitables échecs;

et qu'il tint partout quand même, tant que tenir fut possible, ne cédant jamais au découragement, puisant au contraire dans la lutte quotidienne une constance toujours plus tenace, défendant pied à pied le sol de la patrie, reculant, il est vrai, pour n'être pas débordé, enveloppé et détruit, mais ne subissant cette nécessité — le cœur saignant, comme il le disait — qu'à la dernière extrémité, effectuant les plus périlleuses retraites sans se laisser entamer ni vaincre, sauvant toujours son armée de la panique, et la dérobant jusqu'au bout aux atteintes de l'ennemi, triomphant même parfois, et donnant à toute heure de sanglants démentis aux prévisions et aux espérances jusque-là infaillibles du généralissime allemand.

L'Histoire a déjà enregistré les aveux de ses adversaires qui n'éprouvèrent, disent-ils, de difficultés et de déceptions qu'avec lui, et qui, exaspérés autant que stupéfaits de son indomptable ténacité, ont baptisé *du glorieux surnom* de Retraite Infernale, sa marche d'Orléans Laval semée de tant de batailles et de tant d'exploits.

L'Histoire, enfin, le placera, dans son admiration, parmi les sauveurs des peuples les plus méritants — il nous eût sauvés si nous avions encore pu l'être, et il nous sauva du moins victorieusement l'honneur — auprès de ce Fabius le Grand qui ne lutta pas mieux pour Rome après la défaite de Cannes, que Chanzy, pour lui réparer Sedan, ne lutta pour la France.

Combien donc n'eût pas gagné l'œuvre de M. Zola, même au seul point de vue esthétique, à dresser devant nos yeux — saisissant contraste, — et cette indestructible armée, qui ne connut pas de débâcle, et ce chef d'une si ferme décision et d'une si virile énergie, en face de la débâcle lamentable qui fit si tôt de nos premières troupes, de pauvres cohues affolées; en face de ce fantôme, de ce « paquet » d'empereur, comme elle dit, dont elle nous retrace si fortement les indécisions effarées et l'inerte affaissement. Si, dans une superbe inspiration d'éloquence, écho de Bossuet, elle évoque cet empereur, éperonné à chaque pas de sa descente à l'abîme, par cette fatale parole : Marche! Marche! qui le précipite de faute en faute et de honte en honte, « sans qu'il puisse regar-« der en arrière, sous la pluie, dans la boue, « à l'extermination »; n'était-il pas tout indiqué, d'opposer à cette vision qui nous serre le cœur d'angoisse et de pitié, une autre vision qui éveillerait en nous, celle-là, tous les frissons de l'admiration et de l'enthousiasme, celle de Chanzy, recevant de la Patrie le mot d'ordre du relèvement qui ne doit plus connaître de défaillance : Debout! et le transmettant à ses troupes pour obtenir d'elles tous les efforts?

En vérité, on est pris de stupeur, comme le furent les Allemands, mais on s'éprend surtout d'admiration et d'orgueil patriotique, à revivre par le souvenir tout ce drame surhumain. Et une émotion irrésistible, quelque chose comme un frisson d'indicible tristesse et d'immense pitié vous gagne, à sentir ce qu'il dut passer alors de navrante angoisse et d'ardente supplication dans ce cri de la France : Debout! appelant tous ses fils à la défendre... quelque chose surtout, comme un enthousiaste transport de joie et de fierté vous ravit à sentir ce que dut ranimer dans les âmes, de sainte ardeur et d'énergie féconde, cet appel pressant de la Patrie, pour que soient devenues soudainement possibles les merveilles de notre Défense nationale ; pour que notre armée de la Loire, notamment, à ce cri qui lui venait de toutes les voix éplorées de la France, se soit relevée toujours, bien qu'à chaque pas chancelante, de toutes les lassitudes d'âme et de corps, pour qu'elle se soit maintenue debout, quand même, pour qu'elle ait gardé inébranlable, jusqu'à la dernière heure, en face des plus après acharnements de l'ennemi et dans les pires extrémités, sa vaillante et ferme attitude.

Debout ! et en marche, sans repos, malgré la fatigue accablante, par le froid, dans la boue, sous la pluie glaciale, parmi les privations et les souffrances !

Debout ! après les rudes nuits de cet effroyable hiver, hors du funèbre linceul de neige qui enveloppe au loin le camp, et sous lequel on se retrouve, chaque matin, si engourdis et harassés, tellement à bout de courage et de forces, qu'on se sent presque impuissants à en secouer les lugubres plis, qu'on est presque tenté de s'y endormir à jamais, d'un repos qui n'ait plus de ces cruels réveils !

Debout ! en face du canon qui tonne; dans l'ouragan qui fait rage, de la mitraille des boulets et des balles, sous la fauchée de la Mort moissonnant ses victimes; debout ! dans les formidables mêlées, sous la ruée incessante et furieuse dont on est harcelé sans répit, assailli de toutes parts et débordé, comme un navire en détresse que secoue et bat sans relâche, jusqu'à ce qu'il sombre, la tourmente déchaînée des vents et des flots !

Debout ! au soir des accablantes batailles, malgré la fatigue et l'épuisement, pour recommencer toujours les mêmes pénibles retraites, les mêmes rudes marches de nuit, dans l'obsession, sous la hantise terrifiante des épreuves passées et à venir, dans l'épouvante et dans les affres que cause la poursuite de l'ennemi tout proche, et qu'accroît encore l'horreur ambiante de l'inconnu et des ténèbres !

Debout ! hors de l'envahissante torpeur où menace de s'ensevelir, comme en un suaire de mort, toute force et toute volonté ; hors de l'abattement inerte et de la prostration lâche où le moral glisse et chancelle, sous le poids toujours accru des souffrances sans résultats, sous le poids des inévitables défaites, sous le poids de cette fatalité par laquelle on se sent inexorablement condamnés à ne pouvoir que mourir, sans jamais pouvoir vaincre !

Debout ! dans le vent déchaîné de la panique affolante dont on se sent enveloppé sans cesse, harcelé, fouetté jusqu'à l'âme ; qui souffle, avec les épouvantements où sombrent la conscience et la raison, la tentation fatale de s'évader de tant de maux dans l'irrémédiable débandade ; sous lequel vacillent et s'effarent les vaillances les plus résolues et les plus fermes constances ; qui menace, enfin, d'emporter tout ce qu'on garde de courage et d'énergie, d'âme en un mot, à la débâcle !

Debout ! sans compter les souffrances et les sacrifices, pour se réserver à de nouveaux périls et à de nouvelles épreuves, jusqu'à la dernière goutte de sang et jusqu'au dernier souffle ; ou plutôt : Debout encore et toujours ! avec des forces et du sang inépuisables à toutes les dépenses et aux plus larges effusions, en dépit de tant de saignées dont toutes les veines semblent taries ; debout ! pour vaincre finalement dans cette lutte contre la Mort ; pour que la France, — à la stupéfaction du Monde qui n'attend plus d'elle que les derniers spasmes de l'agonie, et ne voit plus en elle qu'un prochain cadavre, — témoigne, une fois de plus, de cette indomptable vitalité dont le trépas ne vient pas à bout, et soit toujours la France immortelle !

VII

Mais, de ces généreuses passions et de ces fièvres d'héroïsme, où donc passent et vibrent dans la *Débâcle,* les ardents effluves et les grands frissons ?...

Et quand M. Zola a semblé prendre à tâche de ne les pas ressentir et de ne pas les communiquer; quand il n'a écrit d'elles, lui le puissant styliste, le maître de la couleur et du relief, qu'en une langue qui se fait soudain vague et terne, pauvre et courte, comme effacée et morte; quand il a semblé ne les traiter que distraitement et presque

s'en désintéresser, il prétend — ayant ainsi banni, comme à dessein, de ses regards et des nôtres, tout ce qui pouvait être fondement et motif de consolation et d'espoir, de réconfort et de confiance — il prétend clore quand même sa *Débâcle* sur une évocation réconfortante; il écrit qu'il faut y voir un appel à l'espérance; il dit qu'il veut « faire
« sortir de la page affreuse de Sedan une
« vivace confiance, le cri même de notre
« relèvement, et montrer toute la lumière
« qui a jailli de la date noire, tout ce qui
« a germé dans le champ de nos ruines »;
il entend conclure, enfin, « qu'une nation
« qui a survécu à une pareille catastrophe,
« est une nation immortelle, invincible dans
« les âges..... »

Eh bien, mais, et la logique ?...

Le cri de notre relèvement ne nous vient-il pas bien plus que de Sedan, la lumière ne jaillit-elle pas à flots bien plus consolante que de la date noire, de tous ces noms impérissables : Coulmiers, Orléans, Patay, Loigny, Auvours, Le Mans qui sèment de splendeur et de gloire les souvenirs de notre campagne de l'Ouest ?.... L'énergie, l'ardeur et l'espérance ne germèrent-elles pas, dès lors, du champ de nos ruines, bien avant de germer présentement en nous, dans l'âme de cette armée dont son chef disait qu'il voulait « lui infuser la confiance et lui réchauffer le cœur », et qui, toute lasse qu'elle fût, se ranima toujours à l'âme de son chef, pour tous les efforts et tous les dévouements ? Et si nous sommes, enfin, « une nation immortelle et invincible dans les âges, » pour avoir survécu à Sedan ; combien plus ne le sommes-nous pas, pour nous être retrouvés si tôt, régénérés, vivants, capables de toutes les énergies et de tous les actes de la vie ? Combien donc ne seraient-elles pas plus éloquentes et réconfortantes les leçons de confiance que M. Zola prétend tirer de l'Année Terrible, s'il montrait, déjà réalisées dans le passé, les espérances qu'il conçoit pour l'avenir ; s'il proclamait que la France est immortelle, moins encore pour n'être pas morte du trépas le plus imminent, que pour avoir pu, si tôt ressuscitée, et sous l'imminence continuelle d'une telle mort, vivre une telle vie ?..

*
* *

Mais non, dans le rôle de censeur et de justicier qu'il s'est attribué, il tient à demeurer rigide, au point de s'interdire, comme une faiblesse indigne de son impassibilité de penseur, tout ce qui ressemblerait à de l'indulgence.

Sous couleur de rester sincère avec nous, il nous manque de sincérité, en refusant de nous donner, après son cruel et complet diagnostic du mal effroyable dont nous pensâmes mourir, l'exacte et consolante psychologie de cette robuste santé d'âme qu'en pleine crise morbide, nous sûmes nous refaire.

C'est pourquoi ce dernier devoir s'impose à la Critique, de compléter, d'élargir, d'éclairer les enseignements dont il prétend faire ses conclusions pratiques, de rectifier, en lui donnant le juste correctif qu'elle réclame, l'impression générale que dégage sa *Débâcle*; et de rendre, ce faisant, justice à la France.

Donc, qu'il y ait eu, ou non, folie, dans la Guerre à outrance, il n'importe. Toujours est-il, qu'à revivre les souvenirs de cette folie — oh! sans vous, M. Zola, puisque vous en avez effacé le relief et tu les mérites — on les juge tels, par les prodiges de vitalité qu'ils immortalisent, par les saintes passions et les vertus qu'ils révèlent, par les salutaires leçons qu'ils contiennent, qu'on se prend spontanément à n'en guère trouver d'autres qui l'emportent sur eux, dans tout le reste de notre histoire, et à ne pas voir une seule autre âme de peuple, hormis l'âme de la France, qui en ait ou qui s'en puisse faire de semblables. Aussi, ont-ils pris rang, ces souvenirs, parmi les gloires les plus sacrées de notre patrimoine national, comme nous rappelant l'une de ces miraculeuses libérations, dont la France de Jeanne d'Arc reste à jamais le type suprême, dont la France de tous les âges garde en son âme, le privilège et le secret : gloires inviolables, auxquelles on n'attente pas, par ces profanations impies dont la Pucelle demeure l'exemplaire heureusement unique, sans commettre le plus abominable des crimes de lèse-patrie ; gloires inoubliables, qu'on ne méconnaît pas et qu'on n'induit personne à méconnaître, en faisant sur elles l'ombre, le silence et l'oubli, sans diminuer et ternir le prestige de la France, sans dérober à la France quelque chose de son honneur qui lui est plus cher que la vie ; gloires rayonnantes dans la splendeur desquelles il semble qu'un cœur français ne se puisse trouver, sans immédiatement sentir monter le cri de sa joie et de sa fierté, le ton de ses louanges, au plus vibrant lyrisme et au plus sublime enthousiasme.

*
* *

Oui, pour nous, la France de l'Année Terrible fut tout autre que celle de la *Débâcle*. Nous voulons, malgré ou sans la *Débâcle*, être équitables envers elle ; et, revenus maintenant à la confiance et à la sécurité, nous reconnaissons, pour n'être injustes ni ingrats envers son glorieux passé de martyre, quelle part immense lui revient dans l'œuvre désormais assurée de notre relèvement. Nous proclamons hautement que rien ne vaut les souvenirs de notre Défense nationale, pour nous consoler de nos deuils qui rayonnent par eux de tant d'honneur ; que rien ne les vaut surtout pour nous assurer l'avenir qui s'éclaire par eux de tant d'espoir.

Oui, la France redevint dès lors, le soldat idéal qu'elle comprend maintenant, qu'elle doit et veut être dans les futures batailles ; elle fit preuve de toutes les qualités qui lui avaient le plus manqué jusque-là ; elle sut ne plus laisser dégénérer, ni ses tristesses et ses craintes en lassitudes trop vite découragées, ni ses joies et ses espoirs en présomptions et en ardeurs folles.

Elle posséda dès lors, tout ce qu'elle portera de meilleur et de plus grand, dans l'accomplissement des devoirs que peut lui réserver l'avenir. Cette âme-là, en un mot, l'anima dès lors, avec laquelle nous la sentons marcher désormais, sans bravade mais sans peur, quelles que soient les éventualités menaçantes, recueillie et résolue, tranquille et confiante, à l'inconnu de ses nouvelles destinées. Elle fut ainsi le modèle dont nous n'avons qu'à suivre les exemples, pour achever de nous relever et de refaire notre vie. Si elle nous inspire effroi et repentir, en nous rappelant les sottises et les crimes de lèse-patrie dont nous devons prévenir le retour; elle nous inspire bien plus encore joie et confiance, en nous présentant les grands exemples de courage et de générosité qui nous éclairent la voie à suivre.

Aussi, est-ce bien d'une impression dominante de confiance et de fierté souveraines, que nos âmes se trouvent envahies et comblées, en dépit de tous les douloureux souvenirs, par la vision de l'Année Terrible évoquée à nos regards.

Si, du fait des conditions anormales dans lesquelles fut alors exercé le commandement, la France subit, au commencement de la guerre fatale, des désastres sans précédents, inouïs, invraisemblables, elle n'a, d'autre part, qu'à se rappeler sa Deuxième

Armée de la Loire et Chanzy, pour se donner le droit de penser et de dire, sans nulle présomption, qu'elles n'eussent jamais été vaincues, sous une direction suivie et ferme, sûre et maîtresse de ses décisions et de ses actes, nos vieilles armées si aguerries et si braves que Sédan et Metz nous ravirent si tôt. Et surtout, ce seul souvenir suffit à nous assurer, que, dans des conditions normales qui seront, tout le fait espérer, celles des futurs conflits, tous les prodiges apparaissent comme possibles, toutes les victoires comme promises, tous les espoirs comme permis, à la nation qui fut capable d'accomplir l'effort surhumain de notre Guerre à outrance, dans la situation d'infériorité exceptionnelle, où la France le fit. Ce dont la France fut alors capable, tout épuisée, toute meurtrie et blessée à mort qu'elle était, nous est le gage le plus certain de ce qu'elle pourra, avec ses forces et sa santé désormais refaites, pour que les conflits futurs lui soient d'assurées revanches.

Et c'est notre immense fierté; et, quand grondent autour de nous tant de jalouses colères et tant de menaces haineuses, c'est notre meilleure sécurité, de savoir qu'il n'est que la France — l'impartiale Histoire est là pour en témoigner — qu'il n'est que la France au monde, pour de tels prodiges d'invincible vitalité; pour pouvoir, d'un seul élan de son incoërcible énergie, remonter soudain, des pires extrémités où la réduisaient les plus mortelles atteintes, au plus généreux, au plus haut, au plus sublime de la vie.

*
* *

Telle est la leçon souverainement réconfortante que contient, en dernière analyse, tout ce que la *Débâcle* semble prendre à tâche de taire. Voilà ce qu'il fallait rappeler et ce dont il faudrait que tous les lecteurs de M. Zola se souvinssent, pour que fût et demeurât universellement réparé, le véritable déni de justice que commet la *Débâcle* envers la France ; pour que nul lecteur ne portât sur la France, d'après la seule *Débâcle*, des appréciations et des jugements qui ne sauraient être équitables ni sûrs ; pour que tous, au contraire, se faisant, malgré la *Débâcle*, une opinion juste sur l'Année Terrible, fussent bien convaincus — pour dire d'un seul mot tout ce que réclament à cet égard la vérité historique et l'équité — que la France resta même alors digne d'elle-même ; et que l'espoir et l'ambition de n'être jamais, nous les Français d'aujourd'hui, indignes de la France d'alors, sont des plus hauts et des plus fiers que nous puissions concevoir.

Non, nos aînés de la Défense nationale ne dégénérèrent pas de leurs plus glorieux ancêtres, des heures les plus grandes de nos annales et de notre vie. L'âme que l'on sent en leurs surhumains efforts, les inspirant, les animant, les soutenant jusqu'au bout, c'est toujours l'âme de la vieille France : cette âme qui ne connut jamais de définitive débâcle ; cette âme en qui se lèvent, quand même, aux heures les plus désespérées, l'héroïsme et les héros qui lui sont nécessaires, des dévouements et des défenseurs qui, s'ils ne peuvent pas toujours tout sauver de sa vie, se sacrifient du moins, à lui sauver toujours victorieusement l'honneur ; cette âme de qui est née, sans égale parmi tous les libérateurs de peuples, notre providentielle Jeanne d'Arc, le type suprême, le type unique dans les annales humaines, de ces providentielles inspirations patriotiques, d'où ressuscitent, pour revivre à jamais grandes et immortelles, les nations les plus voisines de la mort.

Aussi, nous n'avons, nous Français d'aujourd'hui, qu'à prendre comme éducatrice et modèle de nos âmes, l'âme de notre

Défense nationale, nous n'avons qu'à nous en garder dignes ; et, cette fois encore, comme au sortir des autres extrémités les plus sombres de notre histoire, comme aux jours glorieux entre tous de notre miraculeuse vierge lorraine, notre France, quand l'heure sonnera de l'épreuve décisive, aura l'âme qu'il lui faudra, pour que ses désastres passés se transfigurent en définitive apothéose.

*
* *

En parlant ainsi, en professant de tels sentiments pour nos aînés de la Guerre à outrance, j'ai presque peur, je l'avoue, — et la *Débâcle* est bien faite pour m'y induire, — j'ai peur d'exagérer ! Mais si la *Débâcle* me souffle ce reproche que je sens injuste, et cette crainte qui n'est pas fondée ; je sais bien aussi que je n'ai qu'à écouter, pour être pleinement rassuré à cet égard, toutes les autres voix de la France et toutes les voix du Monde, auxquelles feront éternellement écho toutes les voix de la postérité.

Une seule preuve !...

A l'encontre ou à défaut de la *Débâcle*, il y a, par exemple, pour rendre justice, à la France de l'Année terrible, le journal anglais le *Times*, peu suspect cependant de tendresse pour notre pays. Ce journal a publié en effet, dès 1871, cette page superbe qui résume admirablement ce qu'omet la *Débâcle*, ce que la présente étude a tenté d'esquisser : « Qu'un peuple, dont toutes les
« forces régulières ont été soudain englou-
« ties, ait pu, presque sans gouvernement
« reconnu, prolonger la lutte pendant des
« mois entiers contre une puissance mili-
« taire gigantesque, maniant d'énormes
« armées dans l'ordre le plus parfait et avec
« une habileté consommée : qu'il ait réussi
« à mettre sous les armes de 800.000 à
« 900.000 hommes dans un pareil espace de
« temps, c'est ce qui semble à peine croya-

« ble; que ses efforts pour la défense de
« Paris aient pu laisser longtemps l'issue
« incertaine ; qu'il ne lui ait manqué peut-
« être qu'un grand général, — ce rare spéci-
« men du génie humain, — pour changer
« la fortune, c'est là un merveilleux specta-
« cle; et quand le fracas des armes sera
« tombé, l'Histoire dira que dans cette lutte
« de vie et de mort, la France est restée
« fidèle à elle-même, à ses héroïques
« annales. La France n'est pas déchue de sa
« valeur et de son patriotisme. Si elle a
« succombé, la cause en est seulement à
« l'inégalité évidente des conditions dans
« lesquelles elle s'est engagée, et les Fran-
« çais peuvent se rendre hautement ce
« témoignage qu'ils n'ont pas dégénéré de
« leurs ancêtres! (1) »

1. *La campagne de 1870.* Récit des événements militaires — traduit du *Times* par Roger Allou (Garnier frères, 1871).

VIII

Et maintenant, Monsieur Zola, il faut conclure.

Quand vous nous présentez, dans vos autres œuvres, des types d'ouvriers et de paysans, de fonctionnaires et de bourgeois, de femmes et de jeunes filles, d'enfants et de parents, qui sont si proches de n'être vrais ni réels, à force de ne concréter que les laideurs et les pires instincts de la nature, il est loisible à la critique de passer facilement condamnation là-dessus. Mais cette condescendance et cette concession seraient coupables, si la critique agissait de même et ne protestait pas ; lorsque, prenant la France pour sujet de vos études, vous ne reproduisez de sa physionomie, de ses actes, de sa vie, que les tristes ombres, sans rien mettre en lumière de sa gloire éclatante et de sa radieuse beauté ; lorsque vous risquez ainsi, en ne montrant d'elle qu'une image défigurée à force d'être imparfaite, de la faire juger sans équité, par le public innombrable qui vous lit chez nous et à l'étranger.

Ne s'agit-il pas là, en effet, d'un patrimoine national qui se constitue et s'accroît continuellement des efforts et des mérites de tous, qui nous appartient à tous comme notre commun héritage, qui nous est à tous sacré, à l'intégrité duquel nous ne saurions trop, tous, jalousement veiller? N'est-ce pas le trésor de nos traditions, de notre fierté, de notre honneur, de nos espoirs ; l'arche sainte, à laquelle il ne faut toucher que d'une main pieuse, la moindre atteinte même involontaire contre elle devenant tout de suite un crime de lèse-patrie, le pire des sacrilèges.

Exploitez donc, comme il vous plaît, toutes les autres mines de documents humains; et, du minerai que vous en extrayez, soyez libre, rejetant le métal précieux, de ne retenir que la gangue vile et sordide, pour en faire les impurs matériaux de vos œuvres. Soyez libre en conséquence, de garder tels qu'ils sont, vos autres romans, l'*Assommoir*, *Germinal*, la *Terre*, la *Bête humaine*, etc., et de ne pas vous déprendre de votre complaisance pour eux, s'ils vous conviennent ainsi. Conservez de même vos autres personnages, soi-disant typiques, tels que vous les avez conçus, quelles que soient d'ailleurs leur exactitude et leur vérité. Mais, de grâce, usez-en plus équitablement avec les documents de notre vie nationale ! Rendez-nous notre vraie France ! Refaites-nous votre *Débâcle !*

*
* *

Il n'est que vous, Monsieur Zola, — après ma sincérité de tout à l'heure, qui ne se démentira pas à voir en vous le bien à côté du mal, je suis bien à l'aise pour le reconnaître spontanément, hautement, de tout cœur, — il n'est que vous, pour donner, à votre géniale étude de la première période de l'Année Terrible, une suite qui soit digne d'elle, l'indispensable complément qu'elle réclame de vous.

Vous vous devez à vous-même cet achèvement de votre chef-d'œuvre, lequel ne deviendra, qu'à cette condition, parfait et définitif, au point de vue de l'unité et de la proportion esthétique, au point de vue de la vérité et de la justice historique, au point de vue supérieur de l'autorité des leçons que vous prétendez y donner comme moraliste, comme sociologue, comme patriote.

Et vous le devez à la France, qui veut n'avoir jamais à craindre de ses fils, — quand l'impartialité les force à reconnaître quelque ombre passagère, sur le prestigieux éclat de sa gloire et de son génie souverains, — qu'ils ne s'imposent pas, en même temps, comme le plus doux et le plus sacré de leurs devoirs envers elle, de faire resplendir aux yeux émerveillés du Monde, à côté des tristes ombres, ce radieux éclat jamais terni de ses vertus et de ses mérites, qui lui garde vierge à jamais de toute souillure, son honneur intangible. Plus l'instant est sombre, et plus elle compte sur l'amour de ses enfants pour ce filial service, pour qu'ils manifestent d'elle, tout ce qui la rend à jamais digne de l'admiration et du respect universels, tout ce qui fait d'elle éternellement, même dans les pires extrémités, la nation des sentiments et des passions chevaleresques, la nation des sacrifices et des héroïsmes surhumains, la nation de cette fière et généreuse parole : « Tout est perdu, fors l'honneur ! »

C'est de la hauteur et à la lumière de ces principes supérieurs que votre œuvre, Monsieur Zola, doit être par tous, et surtout par vous-même, définivement jugée.

Tant qu'elle ne sera que le cruel inventaire de nos malheurs et de nos fautes, sans rappeler en même temps les mérites et les gloires de nos états de service incomparables; tant que, ne se complaisant qu'à raviver nos douleurs, par l'implacable évocation de nos seules détresses mortelles; elle ne deviendra pas, en célébrant notre résurrection et notre indestructible vitalité, l'hymne enthousiaste et inspiré de nos fiertés et de notre espoir; tant qu'on n'y sentira pas, enfin et surtout, une débordante effusion filiale d'admiration et de reconnaissance; tant qu'elle ne dira pas à notre France avec quelle vénération ses enfants honorent ses sanglantes blessures et ses éclatantes vertus, avec quel amour ils l'adorent d'avoir souffert tous les martyres, et accompli tous les héroïsmes; tant qu'elle ne nous fera pas revivre, dans une émotion intense, les gloires, les grandeurs et les joies de la France qui ne passent pas et qui nous comblent le cœur d'ardeur et d'espérance, aussi bien que les humiliations, les épreuves et les douleurs de la France qui passent sans épuiser jamais en nous la confiance et le dévouement; bref, tant qu'elle refusera de se mettre complètement en règle avec la vérité et la justice, avec le patriotisme et avec la France... elle sera, Monsieur Zola, A REFAIRE, ou, si vous aimez mieux, A PARFAIRE votre *Débâcle* !

CHRISTIAN FRANC.